JN269612

野菜と食べるおいしい麺

器ひとつで、気どらずカンタン！

渡辺ゆき

小林キユウ・写真

リトル・モア

PROLOGUE

お腹が減った！　となると15分と待てない食いしん坊の私は、のんびりご飯を炊いている気分になど、とてもなれません。
何が何でも早く食べたい。そんなときこそ麺の出番と決めています。
大急ぎでたれやスープを調えるかたわらで、ころあいを見計らって麺を茹で始め、
茹で上がったら、あとはほんのひと手間。その手軽さに何度助けられてきたことか！
"気どらずカンタン"が魅力の麺には器もシンプルなものがイチバン。あれこれいくつも揃える必要なんてありません。
和え麺にも汁麺にも向く手ごろなサイズのものをひとつ用意すれば、それでじゅうぶんだと思うのです。

私は、畑のある家に生まれ育ったせいか、子供のころから野菜が大好き。
野菜ナシの食事をとると、なんだか気分がシャキッとしません。
かくして野菜をたっぷり使った麺は、
私にとって大きな存在となりました。

この本で紹介する麺は、15分もあれば作れてしまうカンタンなものばかり。
もちろん1人分でもちゃんとおいしく作れます。
ヘルシーさだって太鼓判。
あなたも気に入った器を見つけて、
"おいしい麺生活"を始めてみませんか？

CONTENTS

8 中華麺 ツルシコ度ナンバーワン！

野菜どっさりスパイシー麺　8
バンバンジー麺　10
たんたん麺　10
炒り豆腐麺　11
ココナッツカレー麺　11
醤油ラーメン　14
冷たいねぎチャーシュー麺　15
あっさりちゃんぽん　18
味噌ラーメン　18
3色つけ麺　19
トマトとピータンの和え麺　22
ピーナッツソースの和え麺　22
アサリ麺　23
柚子風味の汁そば　23

26 そば 素朴で味わい深い和ヌードル

香味そば　26
ざるそば　28
山芋そば　29
キムチとろろそば　29
モロヘイヤとシラスの汁そば　32
なすとみょうがの汁そば　32
ひじきの黒酢そば　33
ズッキーニとしいたけの和えそば　33
サーモンのぽん酢オリーブ油和え　36
春菊のペペロンチーノ　36
かき揚げそば　37
ゆるたまそば　37
くるみ味噌そば　40

42 パスタ アルデンテで歯こたえを楽しむ

3色野菜のカレークリームソース　42
うずら豆のクリームパスタ　44
ジェノベーゼ　44
トマトソースパスタ　45
サラダパスタ　48
冷たいパスタ　48
ベジミートソース　49
ハンバーグ・ナポリタン　49
アボカドの冷たいパスタ　52
キムチdeクリーム　52
じゃことねぎのパスタ　53
そら豆と豆乳のパスタ　53
タイ風カッペリーニ　56
岩のりと松の実のパスタ　56
クレソンとブルーチーズのペンネ　57
パプリカのクリームペンネ　57

60 うどん 自家製もできるモチモチ麺

大葉と明太のうどん　60
ねぎまうどん　62
粕味噌バターうどん　62
山菜バターうどん　63
クラムチャウダーうどん　63
おろし揚げせんべいうどん　66
五目うどん　66
かまあげうどん　67

82 ビーフン 人気上昇中の米粉ヌードル

つくねのフォー　82
ビーフンのカレー炒め　83
トムヤムヌードル　83

78 そうめん 繊細でコシがあるのが魅力

山芋のとろとろそうめん　78
サーモンとキムチの和えそうめん　79
沙茶そうめん　79

70 蒸し麺 スープのいらない、やわらか麺

アスパラガスと牛肉の焼きそば　70
エビのマヨチリ和えそば　72
ホタテの豆鼓風味そば　72
あんかけ焼きそば　74
ホイコーロー風焼きそば　74
アサリあんの揚げ焼きそば　75
そばめし　75

この本の使い方

- 材料は基本的に1人分ですが、まとめて作った方が調理しやすかったり、おいしかったりするものは2食分以上のものもあります（各料理に明記）。
- そばやうどんの麺つゆは、基本的に市販品を使いました。銘柄によってストレートタイプや希釈タイプがあるので、濃さは好みで調節してもらうよう材料表中では、あえて分量はのせていません。
- 材料表にある「スープ」、「だし」は市販のインスタントだしを定量の湯に溶かしたもので代用できます。
- パスタを茹でるときは、水1ℓに対して塩小さじ1を目安に加えてください。
- 計量カップは200mℓ、計量スプーンは大さじが15mℓ、小さじが5mℓです。

麺の種類

この本で使った麺を紹介します。
調理法や味つけによって麺を使い分け、
めくるめく麺ワールドを味わいつくしてください。

そば
冷凍品や半生品もありますが、味やコシに優れた乾麺がおすすめ。中でも私は（株）霧しなの表面が波状になったのを愛用しています。

うどん（乾麺）
麺の直径1.7mm以上の乾燥したうどん。生麺に比べて食感は少しかたいため、煮込んだり、温かいつゆで食べるのに向いています。

そうめん
うどんに比べて細く、繊細な口当たりがもち味の麺。煮込んだりするよりも、冷たいつゆや和え麺として食べた方がおいしい。

中華麺（太）
麺の自己主張が強いため、さっぱりとしたスープには不向き。こってりとしたごまダレに合わせたり、煮込んで食べたりするといい。

中華麺（細）
太麺に比べてひとすすりあたりの表面積が広いため、スープとからみやすい。さっぱり味の醤油ラーメンや冷たい麺とよく合います。

うどん（冷凍）
茹でた麺を急速冷凍したうどん。食感と保存性に大変優れ、冷たくしても温かくしてもおいしいので、私は冷凍車に常備しています。

蒸し麺
生の中華麺をいったん蒸して、油をからめた麺。生麺と同様に太めと細めがあり、おもに油で炒めたり揚げたりして食べます。

スパゲッティ

太さ1.6〜1.9mmくらいのパスタ。最もポピュラーなタイプで、どんなソースとも相性がよい。私はディチェコのNo.11を常備しています。

カッペリーニ

短時間で茹で上がる、直径1mm弱のパスタ。細い分ソースの味がしみこみやすく、冷製パスタやさっぱり味のソースに向いています。

タリアテッレ(左) & フェトチーネ(右)

卵を加えたきしめん状のパスタ。一般に幅広のものをタリアテッレ、狭いものをフェトチーネと呼び、どちらも濃厚なソースのパスタに使います。写真のタリアテッレは生地にほうれん草を練りこんだタイプ。

ペンネ

中が空洞になっている、ペン先に似たパスタ。濃厚なソースと相性がよい。ソースとからみやすいよう表面にスジを入れたものも。

ビーフン

米の粉から作った麺。中国の南部や台湾、東南アジアでは小麦粉の麺よりポピュラーです。極細、中太、幅広など数種類あり、煮込む場合は太めを、炒める場合は細めをと使い分けます。

中華麺

小麦粉に、かん水というアルカリ性の水を加えて作る
独特の香りと強いコシをもつ麺。
シコシコとした食感を生かした、パンチのある食べ方を紹介しま

材料（1人分）
青唐辛子1本
かけつゆ（ナンプラー・
レモン汁各大さじ1／
砂糖小さじ1／
おろしにんにく少々）
玉ねぎ1/8個、にんにく1片
キュウリ1/4本
油小さじ1、牛薄切り肉80g
ナンプラー小さじ1
グリーンカール・もやし各適量
中華麺1玉

作り方
1　青唐辛子は小口切りにして、かけつゆの材料と混ぜる。
2　玉ねぎとにんにくはみじん切りにする。キュウリはせん切りにする。
3　フライパンに油を熱して玉ねぎ、にんにく、牛肉を炒めてナンプラーで調味する。
4　麺を茹でて冷水で洗い、水気をきる。器にグリーンカールをしいて麺をのせ、もやし、牛肉、キュウリを盛り合わせる。食べるときに1をかける。

※青唐辛子の量は好みで調節。
もやしは、さっと茹でてもよい。

野菜どっさり
スパイシー麺

レモンの香りと、ナンプラーの旨み。
ダブルパワーで野菜がモリモリ進みます。

バンバンジー麺 RECIPE P.12
万能調味料"ごま味噌"さえあれば、茹でて切るだけのお手軽レシピ。

たんたん麺 RECIPE P.12
ちょい辛スープがこってりからんだ魅惑の麺。
ひと口すすれば、思わず「にーっ」と頬がほころびそう。

炒り豆腐麺 RECIPE P.13

冷蔵庫の残り物でできてしまう、汁なしの和え麺。
豆腐のフワフワとした口あたりの優しさを楽しんで。

ココナッツカレー麺 RECIPE P.13

コシのある中華麺とパリパリの揚げ麺。異なる食感が
クリーミーなカレーとからまったおいしさといったら！

バンバンジー麺
PHOTO P.10

材料（1人分）

茹で鶏（酒大さじ1／しょうがの薄切り2〜3枚／ねぎ〈青い部分〉3cm／水½カップ）
鶏もも肉½枚
ごま味噌（練りごま大さじ1／醤油・砂糖各小さじ2／酒・すりごま・酢各小さじ1／豆板醤小さじ½／おろしにんにく少々）
チンゲンサイ1株
ねぎ（白い部分）3cm
スープの調味料（醤油・ねぎ油各小さじ½／塩・こしょう各少々）
中華麺1玉

作り方

1 鍋に茹で鶏の材料を入れて沸騰させ、鶏肉を茹でる。粗熱がとれたら鶏肉は薄く切り、スープはとっておく。
2 ボウルにごま味噌の材料を入れて混ぜる。チンゲンサイは長さを半分に切って、根元の方は縦4つに割る。ねぎは細切りにして白髪ねぎにする。
3 鍋に1のスープとスープの調味料を入れ、沸騰させる。
4 3と同時進行で麺を茹で、途中でチンゲンサイも入れて一緒に茹でる。茹で上がったら湯をきって器に盛り、鶏肉をのせる。3と2のごま味噌をかけ、白髪ねぎをのせる。

たんたん麺
PHOTO P.10

材料（1人分）

ザーサイ大さじ1
ねぎ5cm
にんにく1片
もやしひとつかみ
油小さじ1
豚ひき肉80g
肉味噌用調味料（甜面醤・醤油・酒各小さじ1／豆板醤小さじ1弱）
スープ用調味料（練りごま大さじ2／醤油大さじ1／味噌・酢各小さじ1／ラー油小さじ½）
スープ1½カップ
中華麺1玉

作り方

1 ザーサイとねぎはみじん切りにする。にんにくはすりおろし、もやしはさっと茹でる。
2 フライパンににんにくと油を入れて弱火で熱し、香りが立ったらひき肉を炒める。肉味噌用の調味料を入れてさらに炒め、スープ用の調味料とスープ、ザーサイ、ねぎも加えてひと煮立ちさせる。
3 2と同時進行で麺を茹でる。麺が茹で上がったら湯をきって器に入れて2を注ぎ、もやしをのせる。

※ラー油の量は好みで調節。

炒り豆腐麺
PHOTO P.11

材料（1人分）
香味野菜（しょうが・にんにく各少々／ねぎ½本）
ごま油大さじ1
鶏ひき肉70g
絹ごし豆腐¼丁
調味料（酒大さじ2／醤油・紹興酒・水各大さじ1／顆粒中華スープの素小さじ1／塩小さじ1/3／こしょう・花椒(ホワショウ)各少々）
卵1個
あさつき・花椒各少々
中華麺1玉

作り方
1　香味野菜はそれぞれみじん切りにする。
2　フライパンにごま油と1を入れ、香りが立つまで弱火で炒める。ひき肉を入れて火を通し、豆腐をくずしながら加えて炒める。
3　調味料を加えて2～3分炒めたら、溶きほぐした卵を加えてさっと炒める。
4　麺を茹でて湯をきり、熱湯でさっと洗って器に盛る。3をかけてあさつきの小口切りと花椒をふる。

ココナッツカレー麺
PHOTO P.11

材料（1人分）
鶏もも肉80g
玉ねぎ・赤ピーマン各適量
油小さじ1
レッドカレーペースト大さじ1
ココナッツミルク大さじ3
スープ1カップ
ナンプリックパオ・砂糖各小さじ1
塩少々
パクチー・揚げ麺各適量
中華麺1玉

作り方
1　鶏肉はそぎ切りにする。玉ねぎとピーマンは薄切りにする。
2　鍋に油を熱して、弱火でカレーペーストを炒める。油となじんだらココナッツミルクを入れ、強火で沸騰させて鶏肉とスープを加える。
3　続いてピーマンとナンプリックパオも入れ、砂糖と塩で味を調えて2～3分煮る。
4　麺を茹でて湯をきり、器に入れて3を注ぐ。パクチー、玉ねぎ、揚げ麺をのせる。

東南アジアでよく食べられるパクチー。アジアンヌードルには欠かせないフレッシュハーブです。

ナンプリックパオ
甘くて辛い、旨みの強いタイの調味料。干しエビ、玉ねぎ、にんにく、唐辛子などを炒めて砂糖や塩で調味したものでトムヤムクンやサラダによく使われます。別名は、チリインオイル。

レッドカレーペースト
タイカレー用のペースト。ココナッツミルクと混ぜてカレーにするほか炒め物やスープの調味料に使います。

醤油ラーメン RECIPE P.16

なにはともあれ、中華麺といえばコレ。
応用のきく鶏がらスープは、ぜひマスターしましょう。

冷たいねぎチャーシュー麺 RECIPE P.17

常備したチャーシュー＋辛みねぎ。超特急で出来上るスピード麺。

醬油ラーメン
PHOTO P.14

鶏がらスープ

材料（8〜10食分）

鶏がら約1kg

野菜（ねぎ〈青い部分〉1本分／
しょうがの薄切り2片分／にんにく5片／
赤唐辛子1本）

昆布30g

かつお節50g

作り方

1 鶏がらを水でよく洗い、沸騰したたっぷりの湯で20〜30秒茹でる。流水に入れて小さなゴミを取り除く。

2 大きな鍋に水3ℓ、1、野菜を入れて強火で加熱する。沸騰寸前に火を弱め約1時間煮込む。

3 昆布を加えてさらに1時間煮込んだら、かつお節を入れて2時間煮込んで完成。

最初に鶏がらを茹でた湯はアクが多く、臭みもあるので思いきって捨ててしまおう。ただし、旨み成分が流出してしまわないように、短時間で茹でるのが鉄則。

チャーシュー

材料（1本分）

豚もも肉（ブロック）1本

調味料（醬油¾カップ／酒¼カップ／
砂糖大さじ2／こしょう5〜6粒）

香味野菜（ねぎ〈青い部分〉1本分／
しょうがの薄切り1片分）

作り方

1 鍋に水2カップを入れて煮立て、タコ糸で結んだ豚肉を入れる。中火で沸騰させながらアクをすくう。

2 アクをすくいきったら、調味料と香味野菜を入れて弱火で1時間半煮込む。そのまま冷まして味をなじませる。

醬油ラーメンは、1人分あたり器に鶏がらスープ1½カップとチャーシューの煮だれ大さじ3〜4を入れ、茹でた麺を入れる。具はほうれん草や味玉、ねぎなど好みのものを。

冷たいねぎチャーシュー麺
PHOTO P.15

材料（1人分）

ねぎ¼本

チャーシューのたれ・ラー油各適量

チャーシュー3枚

七味唐辛子適量

たれ（チャーシューのたれ・水各大さじ2）

中華麺1玉

作り方

1 ねぎは斜め薄切りにして、10分ほど水にさらして辛みを抜く。水気をきって、チャーシューのたれ、ラー油と和える。

2 チャーシューは細く切る。

3 麺を茹でて冷水で洗い、水気をきって器に盛る。1、2をのせて七味唐辛子をふる。たれをかけて食べる。

チャーシューの煮だれに、殻をむいた茹で卵を2〜3時間漬けておくとおいしい味卵に。長く漬け過ぎると味が濃くなるので注意。

味噌ラーメン RECIPE P.20
パンチのある味噌スープに
コシのある太麺を合わせて食べごたえをアップ！

あっさりちゃんぽん RECIPE P.20
さっぱり味で簡単に、という日におすすめの
ヘルシーヌードル。

3色つけ麺 RECIPE P.21

ちょっと手間をかけた、ごちそうつけ麺。
具ナシでも、つけ汁だけで満足できることうけあいです。

あっさりちゃんぽん
PHOTO P.18

材料（1人分）

ちくわ1本

キクラゲ2〜3片

いんげん2本

にんにく1片、ごま油大さじ1

シーフードミックス（冷凍）1カップ

塩・こしょう各少々

スープ（鶏がらスープ1½カップ／

オイスターソース・酒各大さじ2／

塩・こしょう各少々）

水溶き片栗粉（片栗粉・水各大さじ1）

中華麺1玉

作り方

1　ちくわは斜め薄切りにする。キクラゲは水でもどし、いんげんは筋を取って食べやすく切る。

2　フライパンにみじん切りにしたにんにくとごま油を入れて熱し、シーフードミックスを炒める。1も加えて火を通し、塩、こしょうで調味し、スープを入れて水溶き片栗粉でとろみをつける。

3　2と同時進行で麺をかためにゆで、茹で上がったら2に入れて約1分煮る。

※鶏がらスープはP.16で作ったものを使用しました。

片栗粉は冷水で溶くと、ダマになりにくい。

味噌ラーメン
PHOTO P.18

材料（1人分）

にら¼束

もやしひとつかみ

にんにく1片

玉ねぎ¼個

ごま油小さじ1

鶏がらスープ1½カップ

調味料（味噌・練りごま各大さじ2／

酒大さじ1／

おろしにんにく・顆粒中華スープの素・

すりごま各小さじ1／

ラー油・砂糖各少々）

コーン・バター各適量

中華麺1玉

作り方

1　にらはざく切りにする。沸騰した湯にもやしを入れてひと呼吸おき、にらを入れてざるに上げる。

2　鍋にみじん切りにしたにんにくとおろし玉ねぎ、ごま油を入れて弱火で熱し、香りが立ったら鶏がらスープを入れる。沸騰したら、調味料を溶かす。

3　麺を茹でて器に盛り、2をかけて1とコーンとバターをのせる。

※鶏がらスープはP.16で作ったものを使用しました。

3色つけ麺

PHOTO P.19

麺を茹でて器に盛り卵のゆるあん、ごまだれ、おろしだれを添える。

卵のゆるあん

材料（1人分）

キクラゲ・鶏肉・きぬさや・エビ各少々

ごま油大さじ1

スープ1カップ

調味料（酒大さじ1／塩・こしょう各少々）

水溶き片栗粉（片栗粉・水各大さじ1）

卵1個

作り方

1　キクラゲは水でもどして、細かく刻む。鶏肉、きぬさや、エビも細かく刻む。

2　鍋にごま油を熱して1を炒め、スープと調味料を入れて2〜3分煮る。水溶き片栗粉でとろみをつけ、最後に溶き卵を入れて火を止める。

ごまだれ

材料（1人分）

香味野菜（ねぎ・しょうが・にんにく各少々）

調味料（練りごま・醤油各大さじ1／酢・砂糖・ごま油各小さじ2／ラー油小さじ1/2）

作り方

1　香味野菜はそれぞれみじん切りにする。

2　調味料をよく練り混ぜ、1と湯1/2カップを加えて合わせる。

おろしだれ

材料と作り方（1人分）

チャーシューのたれ（P.16参照）と水を同量で合わせ、大根おろしを入れる。

トマトとピータンの和え麺 RECIPE P.24

まったり味のピータンに、ジューシーなトマトをプラス。
中華だれとの相性抜群のゴールデンコンビです。

ピーナッツソースの和え麺 RECIPE P.24

シャキシャキ野菜に、とろりと甘いピーナッツバター。
懐かしくて新しい、新鮮な味わいです。

アサリ麺 RECIPE P.25
アサリの旨みがじんわり効いた味わい深い台湾風ヌードル。

柚子風味の汁そば RECIPE P.25
香味豊かな柚子にノックアウト！
食べ終わればお腹の中からポッカポカに。

トマトとピータンの和え麺
PHOTO P.22

材料(1人分)
ピータン1個
ミニトマト3〜4個
貝割れ大根ひとつかみ
にんにく1/2片
しょうが少々
調味料(醤油・酒各大さじ2/
砂糖・ごま油・酢各大さじ1/2/
ラー油小さじ1/2)
中華麺1玉

作り方
1 ピータンは1.5cm角にミニトマトは半分に切る。貝割れ大根はざく切りにする。
2 にんにく、しょうがはみじん切りにする。ボウルに入れて、調味料と1を加えてさっと混ぜる。
3 麺を茹でて冷水で洗い、水気をきって2と和える。

ピータンは好きだけれど、
どうもあのにおいが苦手という人も
多いのでは？
独特のアンモニア臭も、
切ってからしばらく
置いておくと弱まります。

ピーナッツソースの和え麺
PHOTO P.22

材料(1人分)
水菜2〜3本
ねぎ(白い部分)5〜6cm
パクチー少々
ピーナッツ大さじ山盛り1
ソース(ピーナッツバター大さじ4/
酒・湯各大さじ2/
醤油大さじ1/
カレー粉・五香粉各少々)
ごま油小さじ1
中華麺1玉

作り方
1 水菜はざく切りに、ねぎはせん切りにする。パクチーは葉先をつむ。
2 ピーナッツは粗く刻んでフライパンで空炒りする。ソースの材料をよく混ぜる。
3 麺を茹でて湯をきり、ごま油をさっとからめて器に盛る。1の野菜を順番にのせ、ピーナッツを散らす。ソースをかけてよく混ぜて食べる。

※八角や丁字など中華料理の香辛料をミックスして作る五香粉。香りにクセがあるため、苦手な人は代わりにこしょうを入れてもよい。

ピーナッツバター

酒や醤油、塩、こしょうと混ぜると、和風の和え物や中華風の炒め物にもよく合うピーナッツバター。好みによりますが、醤油や酒の倍量程度を目安に加えると、独特のコクと香ばしさを楽しめます。

アサリ麺
PHOTO P.23

材料（1人分）

にんにく・しょうが各1片

ねぎ少々

油小さじ1

調味料（酒・顆粒中華スープの素各小さじ1／塩・薄口醤油各小さじ½）

アサリひとつかみ

中華麺1玉

作り方

1　にんにくは薄切りに、しょうがはせん切りにする。ねぎは粗みじん切りにする。

2　鍋に油とにんにくを入れて熱し、香りが立ったら水1カップと調味料を入れて沸騰させる。アサリを入れて熱し、アサリの口が開いたら火を止める。

3　2と同時進行で麺を茹で、湯をきる。器に盛って2をかけ、ねぎを散らしてしょうがを添える。

柚子風味の汁そば
PHOTO P.23

材料（1人分）

干ししいたけ1枚

具（柚子の皮⅛個分／エビ・イカ各30g／ねぎ・しょうが・人参各少々）

貝割れ大根ひとつかみ

油小さじ2

豚ひき肉50g

スープ（しいたけをもどした水1カップ／顆粒中華スープの素小さじ½）

調味料（酒大さじ1／醤油小さじ1／塩小さじ½／こしょう少々）

水溶き片栗粉（片栗粉・水各大さじ1）

中華麺1玉

作り方

1　干ししいたけは水1カップに浸してもどし、みじん切りにする。もどした水はとっておく。

2　具は、それぞれみじん切りにする。貝割れ大根は根元を切り落とす。

3　鍋に油を熱してひき肉を炒め、柚子の皮と貝割れ大根以外の2を入れてさらに炒める。スープと調味料を入れて煮立て、材料に火が通ったら水溶き片栗粉でとろみをつける。貝割れ大根と柚子を入れて火を止める。

4　3と同時進行で麺を茹でて器に盛り、3をかける。

そば

そばツウを自称する方が見たら
あきれられてしまいそうなアイディアそばの数々。
粋ではないけれど、ひと口で口元がゆるむことうけあいです。

材料(1人分)
香味野菜
(ねぎ〈白い部分〉½本／
大葉2枚／みょうが1個)
麺つゆ適量
そば100g

作り方
1　香味野菜はすべて細切りにする。水に5〜6分さらして、水気をきる。
2　そばを茹でて冷水で洗い、水気をきって器に盛る。1をこんもりとのせ、麺つゆをかけて食べる。

香味そば

爽やかな香りと、
シャッキリした食べ口がたまりません。

ざるそば RECIPE P.30

時間があるときに、作ってみたい本格麺つゆ。
香りのよさは、市販品とは別格です。

山芋そば RECIPE P.31
おろして、揚げて——。山芋づくしで、旨さは二重マル！

キムチとろろそば RECIPE P.31
韓&和が仲良く混じりあった、おだやかで旨みのあるおいしさです。

ざるそば〈基本の麺つゆの作り方〉
PHOTO P.28

材料（約3 1/2カップ分）

昆布10cm

干ししいたけ2枚

酒1/4カップ

みりん1/2カップ

調味料（醤油1/2カップ／塩小さじ1弱／かつお節約15g）

そば100g

作り方

1　ビンに水2 1/2カップと昆布、しいたけを入れて冷蔵庫で一晩おく。

2　鍋に酒とみりんを入れて2～3分煮立て、アルコール分をとばす。1を入れて強火で煮立て、調味料を加える。

3　再び煮立ったらアクを除き、火を弱めて5～6分煮る。そのまま冷まして、ざるでこす。

4　そばを茹でて冷水で洗い、水気をきってざるに盛る。3のつゆと水を2：1の割合で割って添える。好みによって大根おろしやしょうが、わさび、ねぎの小口切りも添える。

残った麺つゆは、よく冷まして清潔な保存ビンに詰めて冷蔵庫へ。2～3週間はもちます。
かけつゆは、麺つゆ：水＝1：2、ぶっかけは1：1が目安です。

山芋そば
PHOTO P.29

材料(1人分)

山芋200g

あさつき1〜2本

揚げ油・麺つゆ各適量

そば100g

作り方

1　山芋は皮をむいて半分は細切りに、残りはすりおろす。あさつきは小口切りにする。

2　揚げ油を熱して細切りにした山芋を入れ、カラッときつね色になるまで揚げる。

3　そばを茹でて湯をきって器に盛り、1と2を盛り合わせる。

4　3と同時進行で鍋に麺つゆを入れて温め、3にかける。

キムチとろろそば
PHOTO P.29

材料(1人分)

山芋100g

キムチ100g

ごま油小さじ1

卵黄1個分

糸唐辛子少々

麺つゆ適量

そば100g

作り方

1　山芋は皮をむいてすりおろす。キムチは細く切って、ごま油と混ぜる。

2　そばを茹でて冷水で洗い、水気をきって器に盛る。1と卵黄をのせて糸唐辛子をあしらい、麺つゆをかけて食べる。

※そばは水で洗わず、温めた麺つゆをかけて熱々で食べても美味。

殻にヒビを入れ、一方の殻からもう一方の殻へ卵黄を移し替えるようにして卵黄を取り出し殻の縁からもれ落ちる卵白はボウルで受けます。

モロヘイヤと
シラスの汁そば RECIPE P.34

カルシウムと食物繊維がたっぷりのモロヘイヤ。
栄養たっぷりのぬるぬる野菜を、そばとからめてつるり！

なすとみょうがの
汁そば RECIPE P.34

夏野菜を冷たい"ゆるあん"でとじた
涼しさあふれる一品。

ひじきの黒酢そば RECIPE P.34

中国の黒酢＆日本のそば。
意外な組合わせだけれど、案外イケました。

ズッキーニとしいたけの和えそば RECIPE P.35

サラダ感覚ですする、ニューウェーブそば。

モロヘイヤとシラスの汁そば
PHOTO P.32

材料（1人分）
モロヘイヤ1枝
しょうが・麺つゆ各適量
シラス大さじ1
そば100g

作り方
1　モロヘイヤは葉を摘み取って粗く刻む。しょうがはすりおろす。
2　鍋に麺つゆを入れて煮立て、モロヘイヤとシラスを入れてさっと煮る。
3　2と同時進行でそばを茹で、湯をきって器に入れる。2をかけて、おろししょうがを添える。

※麺を洗って、つゆも冷やして冷たくして食べてもおいしい。

モロヘイヤの茎はかたいので葉っぱだけちぎり取って使います。茎は刻んで炒め物などに利用。

なすとみょうがの汁そば
PHOTO P.32

材料（1人分）
つゆ（白だし〈市販品〉・水各適量）
　1 1/2カップ
水溶き片栗粉（片栗粉・水各大さじ1）
なす1/2本
油適量
みょうが1個
しょうが少々
そば100g

作り方
1　鍋につゆを入れてひと煮立ちさせ、水溶き片栗粉を入れてとろみをつけてそのまま冷ます。
2　なすは5mm厚さの輪切りにし、フライパンに多めに入れた油で素揚げする。熱いうちに1に浸け、味をふくませる。
3　みょうがは薄切にする。しょうがはすりおろす。
4　そばを茹でて冷水で洗い、水気をきって器に入れる。1をかけて3を添える。

※つゆは冷まさずに温めて食べてもよい。

白だし
淡白な色と味わいの白醬油にかつお節や昆布といっただしと調味料を加えたのが白だしです。
水で薄めるだけで、つゆや煮物の煮汁として使えます。

ひじきの黒酢そば
PHOTO P.33

材料（1人分）
香味野菜（にんにく・しょうが各少々／パクチーの茎・青唐辛子各1本）

調味料（黒酢・醤油各大さじ1／砂糖大さじ½／ごま小さじ1／塩・花椒各少々）

油大さじ1

ひじき（乾燥）大さじ2

キュウリ¼本

パクチー少々

そば100g

作り方
1　香味野菜はすべてみじん切りにし、調味料と混ぜる。フライパンでアツアツに熱した油を入れて混ぜる。

2　ひじきは熱湯に浸して5～6分おき、湯をきる。キュウリは輪切りにする。ひじき、キュウリを1に入れて混ぜる。

3　そばを茹で、冷水で洗って水気をきる。2と和えて器に盛り、パクチーを飾る。

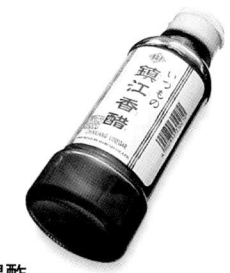

黒酢
玄米を壺の中で長期間かけて発酵、熟成させた酢。アミノ酸やミネラル、クエン酸が豊富。少しクセはありますが酢の物や蒸し物に使うとおいしい。

ズッキーニとしいたけの和えそば
PHOTO P.33

材料（1人分）
ズッキーニ1/3本

しいたけ2枚

ごま油大さじ1

調味料（オイスターソース・醤油各大さじ1／紹興酒小さじ2／おろしにんにく・こしょう各少々）

グリーンカール少々

そば100g

作り方
1　ズッキーニとしいたけは細く切る。熱したごま油でさっと炒めて、調味料に浸ける。

2　そばを茹で、湯をきって1と和える。器にグリーンカールをしいて、そばを盛る。

サーモンの
ぽん酢オリーブ油和え RECIPE P.38
脂ののったサーモンをぽん酢でシンプルにいただきます。

春菊のペペロンチーノ RECIPE P.38
にんにくと春菊の香りが鼻をくすぐる、和製ペペロンチーノ。

かき揚げそば RECIPE P.39
かりっとした衣、そば、つゆ──。三位一体の香り高い味わいを楽しめます。

ゆるたまそば RECIPE P.39
半熟卵とやわらかなミツバにつゆがなじんでほっとする味わいです。

サーモンの
ぽん酢オリーブ油和え
PHOTO P.36

材料(1人分)

サーモン50g

玉ねぎ1/8個

あさつき1〜2本

ぽん酢・オリーブ油各大さじ2

そば100g

作り方

1　サーモンはひと口大に切る。玉ねぎは薄切りにして水にさらし、辛みを抜く。あさつきは小口切りにする。
2　ボウルにぽん酢、オリーブ油、玉ねぎを入れて混ぜる。
3　そばを茹で、冷水で洗って水気をきる。2にサーモンとともに加えて軽く和える。器に盛ってあさつきを散らす。

春菊のペペロンチーノ
PHOTO P.36

材料(1人分)

にんにく1片

赤唐辛子1本

オリーブ油大さじ1

春菊2〜3本

塩・こしょう各少々

昆布茶小さじ1

そば100g

作り方

1　にんにくは薄切りに、赤唐辛子は種を取る。
2　そばを茹でて冷水で洗い、水気をきる。
3　フライパンにオリーブ油と1を入れて弱火で熱し、香りが立ったらざく切りの春菊をさっと炒める。そばを加えて塩、こしょう、昆布茶で味を調える。

昆布茶
飲むだけでなく、調味料として使っても案外おいしい昆布茶。麺類と和えたり、料理のかくし味に常備しておくと便利。

かき揚げそば
PHOTO P.37

材料(1人分)

玉ねぎ1/6個

ミツバ2〜3本

粉(小麦粉大さじ2／片栗粉大さじ1)

ホタテ(小)3〜4個

紅しょうが大さじ1

揚げ油・麺つゆ各適量

そば100g

作り方

1　玉ねぎは薄切りに、ミツバはざく切りにする。

2　ボウルに粉と冷水大さじ2を入れて溶き、1とホタテと紅しょうがを入れてさっくりと混ぜる。

3　揚げ油を熱して、2をおたまですくい入れ両面カラッと揚げる。

4　3と同時進行でそばを茹で、湯をきって器に盛る。3をのせて温めた麺つゆをかける。

※そばを冷水で洗い、冷たい麺つゆをかけて食べてもよい。

ゆるたまそば
PHOTO P.37

材料(1人分)

麺つゆ1カップ

しょうが1片

水溶き片栗粉(片栗粉・水各大さじ1)

卵1個

ミツバ1束

そば100g

作り方

1　鍋に麺つゆとおろししょうがを入れて火にかけ、沸騰したら水溶き片栗粉でとろみをつける。

2　卵を溶きほぐし、1に細く流し入れる。半熟になったら、半分に切ったミツバを入れて火を止める。

3　2と同時進行でそばを茹で、湯をきって器に盛り、2をかける。

卵は切るように混ぜ菜ばしを伝わせるように細く流し入れます。

くるみ味噌そば RECIPE P. 41

香ばしいくるみの味噌と
お茶がよく合ったお茶漬け風田舎そば。

材料（1人分）

くるみ山盛り大さじ1

ごま小さじ1

調味料（砂糖・味噌・みりん・酒各大さじ1）

大根・茶（ほうじ茶やそば茶など）各適量

そば100g

作り方

1　くるみとごまはそれぞれ炒って、粗くすりつぶす。

2　1に調味料を入れて、溶きのばす。大根はおろす。

3　そばを茹で、湯をきって器に盛る。2をのせて茶を注ぐ。

パスタ

和えてよ～し！ 炒めてグ～！
今や、イタリアンの代名詞ともいえそうな勢いのパスタ。
かくいう私も、一時期パスタ中毒におちいったことも。

材料(1人分)
野菜(ズッキーニ・
なす・かぼちゃ各適量)
にんにく1片
オリーブ油大さじ1
調味料(カレー粉小さじ1／
塩・こしょう各少々)
白ワイン大さじ1
生クリーム ½カップ
パルミジャーノチーズ適量
パスタ(フェトチーネ)100g

作り方

1　野菜は1cm角に切り、かぼちゃは電子レンジで約1分加熱する。にんにくはみじんに刻む。

2　フライパンにオリーブ油とにんにくを入れて弱火で熱し、香りが立ったら野菜を炒めて調味料をふる。

3　白ワインをふって1～2分煮詰め、生クリームを加えてひと煮する。

4　3と同時進行でパスタを茹で、湯をきって3と和える。器に盛ってパルミジャーノチーズをふる。

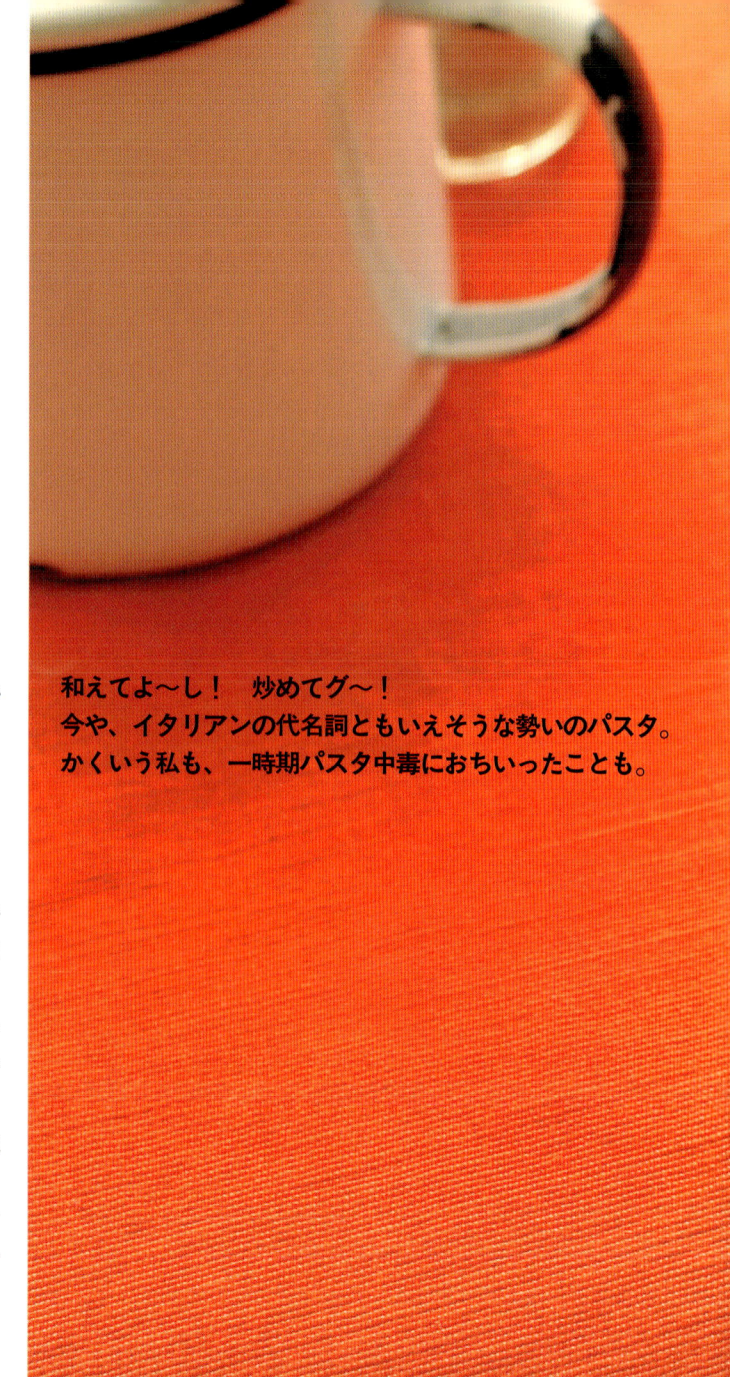

3色野菜の
カレークリームソース

カレー粉と粉チーズでまろやか、キリリ。

うずら豆のクリームパスタ RECIPE P.46
うずら豆とチーズの意外な出会いにハマる!?

ジェノベーゼ RECIPE P.46
パスタと相性バツグン、バジルたっぷりのソース。

トマトソースパスタ RECIPE P.47

甘酸っぱいトマトソースを赤唐辛子がピリッとしめた
応用範囲の広いベーシックな味わいです。

うずら豆のクリームパスタ
PHOTO P.44

材料（1人分）

にんにく1片
チーズ2cm
オリーブ油小さじ1
生クリーム・うずら豆（水煮）各½カップ
白ワイン大さじ3
塩・こしょう各適量
パスタ100g

作り方

1　にんにくはみじん切りにする。チーズは1cm角に切る。
2　フライパンにオリーブ油とにんにくを入れて弱火で熱し、香りが立ったら生クリームとうずら豆、白ワインを入れて3～4分煮る。
3　フォークの背などで豆をザクザクとつぶし、塩とこしょうで味を調える。
4　3と同時進行でパスタを茹で、湯をきってチーズとともに3に入れてさっとからめる。

ジェノベーゼ
PHOTO P.44

材料（1人分）

にんにく1片
バジル1茎
ペースト（松の実大さじ2／オリーブ油・パルミジャーノチーズ・パスタの茹で汁各大さじ1／塩少々）
じゃがいも½個
パスタ100g

作り方

1　にんにくはみじんに切る。バジルは茎から1枚ずつ取る。
2　フードプロセッサーに1とペーストの材料を入れ、ペースト状にする。
3　2と同時進行でパスタと、1cm角に切ったじゃがいもを茹でる。茹で上がったら湯をきって2と和える。

※フードプロセッサーがない場合は、すりこぎですりつぶします。

トマトソースパスタ
PHOTO P.45

材料(4食分)

にんにく1片

赤唐辛子1本

玉ねぎ(大)½個

オリーブ油大さじ2

トマトの水煮(缶)2カップ

塩小さじ⅔

パスタ(フェトチーネ)100g

作り方

1　にんにくは包丁の腹でつぶし、赤唐辛子は半分に切って種を取る。玉ねぎはみじんに刻む。

2　フライパンにオリーブ油とにんにく、赤唐辛子を入れて弱火で熱し、香りが立ったら取り出す。

3　玉ねぎを入れてしんなりするまで炒め、トマトの水煮を汁ごと加える。木べらなどでつぶしながら、塩を加えて半量くらいになるまで煮詰める。

4　3と同時進行でパスタを茹で、湯をきって器に盛り3をかける。

※トマトソースは、冷蔵庫で2週間くらい保存が可能。たっぷり作っておけば、ツナやベーコン、生クリームを加えてさまざまに使いまわせます。

日本の味噌汁と同じように、イタリアでは家庭によっていろいろに味の異なるトマトソース。好みによって煮詰める前に赤ワインを入れたり、でき上がる直前にオレガノを入れたり。いずれの場合もにんにくを炒めすぎるとこげ臭くなるので気をつけて。

サラダパスタ RECIPE P.50
レタス、ほうれん草、トマト……。生野菜でさっぱり、しゃっきりと。

冷たいパスタ RECIPE P.50
オリーブ油と相性のよいモッツァレラチーズを加えて
おいしくカルシウム補給。

ベジミートソース RECIPE P.51

お肉よりも野菜が多い、ウチでの通称は"ベジミート"。
具をじっくり炒めて、甘みと旨みを上手に引き出します。

ハンバーグ・ナポリタン RECIPE P.51

ケチャップの味がどこか懐かしい洋食屋さんのゴールデンコンビをパスタで。

サラダパスタ
PHOTO P.48

材料(1人分)

卵1個

サニーレタス・ほうれん草(葉)各少々

トマト1/2個

玉ねぎ1/8個

オイルサーディン2枚

調味料(マヨネーズ1/4カップ/

牛乳大さじ2/粉チーズ大さじ1/

こしょう少々)

パスタ100g

作り方

1　半熟卵を作る。大きめの丼に卵を入れて熱湯を注ぎ、ふたをして約10分置く。

2　サニーレタスとほうれん草は食べやすくちぎる。トマトはひと口大に、玉ねぎは薄くオイルサーディンは粗みじんに刻む。

3　ボウルにレタス以外の2と調味料を入れて、さっと混ぜる。

4　パスタを茹で、湯をきって3に入れて混ぜる。器にレタスをしいてパスタを盛り、殻を割った卵をのせる。卵とパスタを混ぜながら食べる。

オイルサーディン
オイルサーディンとは、頭や内臓を除いて塩漬けした小イワシの油漬けをさします。旨みが強く、パスタや煮込み料理に加えるとおいしい。

ケッパー
地中海沿岸原産の低木ケッパーの花のつぼみ。一般的には酢漬けを、スモークサーモンに添えたり、刻んでパスタやサラダのソースに加えます。

冷たいパスタ
PHOTO P.48

材料(1人分)

ミニトマト3〜4個

玉ねぎ1/6個

オリーブ5粒

にんにく1片

モッツァレラチーズ20g

バジル少々

オイルサーディン3枚

調味料(オリーブ油大さじ1/

ケッパー・ビネガー各小さじ1)

パスタ(フェデリーニ)100g

作り方

1　トマトは先の方に包丁で十文字に切り目を入れ、熱湯にくぐらせて皮をむく。さっと冷水に浸して、ざく切りにする。

2　玉ねぎとオリーブは薄切りに、にんにくはみじん切りに、チーズは1cm角に切る。バジルは手でちぎり、オイルサーディンは粗みじんに刻む。

3　ボウルに1、2、調味料を入れて軽く混ぜる。

4　フェデリーニを茹で、水で洗って水気をきり3と和える。

ベジミートソース
PHOTO P.49

材料（2食分）

玉ねぎ¼個

人参¼本

しいたけ2枚

オリーブ油大さじ1

ローリエ1枚

豚ひき肉150g

トマトの水煮（缶）1カップ

固形洋風スープの素1個

調味料（ケチャップ大さじ2／

白ワイン・ウスターソース各大さじ1／

こしょう少々）

人参の葉（あれば）少々

パスタ100g

作り方

1　玉ねぎ、人参、しいたけは、それぞれみじん切りにする。

2　鍋にオリーブ油を熱して弱火でローリエ、豚肉を炒める。1を加えて強火で炒めて、トマトの水煮とスープの素を加える。

3　5〜6分煮詰めて調味料を入れ、とろみがつくまで10〜15分煮る。

4　3と同時進行でパスタを茹でて湯をきる。器に盛って人参の葉を散らして、3をかける。

ハンバーグ・ナポリタン
PHOTO P.49

材料（1人分）

肉だね（豚ひき肉60g／

玉ねぎ・キャベツのみじん切り各大さじ1／

牛乳小さじ2／パン粉小さじ1／

塩・こしょう・ナツメグ各少々）

ソース（ケチャップ・ソース各大さじ1／

油小さじ1）

うずらの卵1個

油小さじ1

ケチャップ大さじ1

パスタ100g

作り方

1　ボウルに肉だねを入れ、粘り気が出るまでよく混ぜる。小判型にまとめ、中央にうずらの卵大のくぼみを作る。耐熱皿にのせて、220度のオーブンで約10分焼く。

2　オーブンからいったん取り出し、ソースの半量をかける。くぼみにウズラの卵を落として、さらに3〜4分焼く。

3　2と同時進行でパスタを茹でて湯をきる。フライパンに油を熱して、パスタを炒めてケチャップで調味する。

4　3を器に盛って2をのせ、残りのソースをかける。ハンバーグをくずしながら食べるとグー。

ナツメグ
甘い芳香と消臭効果があるスパイス。ハンバーグやミートローフなどひき肉料理、菓子、パンなどに使います。

アボカドの冷たいパスタ RECIPE P.54
熟れたアボカドを選んでこってり、まろやかに。

キムチ de クリーム RECIPE P.54
人気のキムチを、クリームとツナでさらにおいしく。

じゃことねぎのパスタ RECIPE P.55
和のテイストを生かした新感覚のイタリアン。

そら豆と豆乳のパスタ RECIPE P.55
ヘルシーな豆乳をパスタに利用。さて、お味はいかに？

アボカドの冷たいパスタ
PHOTO P.52

材料（1人分）

アボカド（熟したもの）1/2個

ミニトマト3個

塩・こしょう各少々

オリーブ油大さじ1

パスタ100g

作り方

1　アボカドは縦半分に割って種を取り1.5cm角に切る。ミニトマトは縦半分に切る。

2　ボウルに1を入れて塩、こしょう、オリーブ油の順番に和える。

3　パスタを茹で、水で洗って水気をきる。2と和えて器に盛る。

キムチ de クリーム
PHOTO P.52

材料（1人分）

にんにく1片

キムチ100g

あさつき1〜2本

オリーブ油小さじ2

ツナ50g

生クリーム1/2カップ

パスタ100g

作り方

1　にんにくは薄切りに、キムチはざく切りに、あさつきは小口切りにする。

2　フライパンにオリーブ油とにんにくを入れて熱し、香りが立ったらキムチとツナを加える。さっと炒めて生クリームを加える。

3　2と同時進行でパスタを茹で、湯をきって2と和える。器に盛ってあさつきを散らす。

じゃことねぎのパスタ
PHOTO P.53

材料(1人分)
ねぎ1/2本
にんにく1片
オリーブ油小さじ2
じゃこ大さじ2
松の実大さじ1
調味料(醤油小さじ1／こしょう少々)
パスタ100g

作り方
1　ねぎは小口切りに、にんにくは薄切りにする。
2　フライパンにオリーブ油小さじ1を熱して、じゃこと松の実を入れて弱火でカリッとするまで炒めて取り出す。
3　2のフライパンにオリーブ油小さじ1を足して、にんにくを入れて弱火で加熱する。香りが立ったらねぎを加え、ねぎがしんなりするまで炒める。
4　3と同時進行でパスタを茹で、湯をきって3に入れる。2も加えて調味料で味を調えて出来上がり。

そら豆と豆乳のパスタ
PHOTO P.53

材料(1人分)
にんにく1片
ベーコン2枚
そら豆1/2カップ
塩適量
オリーブ油小さじ1
豆乳2/3カップ
こしょう適量
パスタ100g

作り方
1　にんにくは薄切りに、ベーコンは2cm長さに切る。そら豆はさやから出して塩茹でし、薄皮をむく。
2　フライパンにオリーブ油とにんにくを入れて弱火で熱し、香りが立ったらベーコンを入れてじっくりと炒める。豆乳を入れて2〜3分煮込み、そら豆を入れて塩とこしょうで味を調える。
3　2と同時進行でパスタを茹で、茹で上がったら湯をきって2に入れる。さっとからめて器に盛って出来上がり。

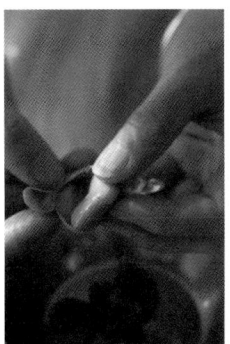

蚕に似たその姿形から
蚕豆とも呼ばれるそら豆。
薄皮は、茹でてからむくのが正解。

タイ風カッペリーニ RECIPE P.58

辛くて甘くて酸っぱいタイ料理を、細めのパスタで再現。
不思議でおいしい、2国籍料理の完成です。

岩のりと松の実のパスタ RECIPE P.58

香ばしく炒った松の実と醤油が味のキメ手。

パプリカのクリームペンネ RECIPE P.59
ビタミンと甘みたっぷりのパプリカにショートパスタを合わせて。

クレソンとブルーチーズのペンネ RECIPE P.59
クセのある素材同士がひとつになって生まれたハーモニー。
病みつきになるおいしさです。

タイ風カッペリーニ
PHOTO P.56

材料（1人分）
エビ（中）4〜5尾
干しエビ大さじ1
玉ねぎ1/8個
セロリ1/4本
キクラゲ少々
香味野菜（パクチーの根・青唐辛子各1本／にんにく1片）
調味料（ナンプラー大さじ1 1/2／レモン汁大さじ1／チリソース大さじ1/2／砂糖小さじ1）
パスタ（カッペリーニ）100g

作り方
1　エビは殻と背ワタを取り除き、さっと茹でる。干しエビは大さじ1の水に浸してやわらかくもどす。
2　玉ねぎとセロリは薄切りにして、セロリの葉は細かく切る。キクラゲは湯でもどして細く切る。
3　香味野菜をみじん切りにしてボウルに入れ、調味料を加えて混ぜる。1、2も入れてよく和える。
4　パスタを茹で、冷水で洗って水気をきる。3と和えて器に盛る。

青唐辛子の量は好みで調節を。

岩のりと松の実のパスタ
PHOTO P.56

材料（1人分）
にんにく1片
オリーブ油小さじ2
アサリ（水煮）1/4カップ
生クリーム1/2カップ
岩のり適量
調味料（醤油小さじ2／塩・こしょう各少々）
パスタ100g

作り方
1　にんにくは薄切りにする。
2　フライパンにオリーブ油とにんにくを入れて弱火で熱し、香りが立ったらアサリを入れてさっと炒める。生クリームを加えて2〜3分煮込み、水少々でもどした岩のりを入れて調味料で味を調える。
3　2と同時進行でパスタを茹で、湯をきって2に入れる。さっとからめて器に盛る。

乾燥した岩のりや青のり。風味がよく常備できるので、野菜が何か欲しい！というときにふり入れるのに便利。

クレソンと
ブルーチーズのペンネ
PHOTO P.57

材料（1人分）

クレソン3〜4本

くるみ4〜5粒

ソース（ブルーチーズ50g／生クリーム・牛乳各¼カップ）

パスタ（ペンネ）100g

作り方

1　クレソンはざく切りにする。くるみは粗く刻んで、フライパンで空炒りする。

2　鍋にソースの材料を入れて、弱火で溶かす。

3　2と同時進行でパスタを茹で、茹で上がったら水気をきって1とともに2に入れて混ぜる。

くるみはそのまま使ってもいいけれど、フライパンで1〜2分炒ってから使うと風味がグーンと増します。

パプリカのクリームペンネ
PHOTO P.57

材料（1人分）

パプリカ1個

生クリーム½カップ

ソース（トマトピューレ大さじ3／白ワイン大さじ2／塩・こしょう各適量）

ツナ¼カップ

パスタ（ペンネ）100g

作り方

1　パプリカは丸のまま網で両面を焼き、温かいうちに手で皮をむく。

2　フードプロセッサーに1と生クリームを入れ、粗いペースト状にする。フライパンに入れ、ソースの材料とツナも加えて2〜3分煮る。

3　2と同時進行でパスタを茹で、湯をきって2と和える

表面が黒く焦げるまで、じっくりと焼く
冷めるとむきにくくなるので、熱いうちに皮をむき種もとってしまう。

うどん

子供のころ、わが家は週に2日は"うどんの日"。
もちろん手打ちで、それはそれはおいしいものでした。
どうやら私の麺好きは、このあたりにルーツがあるのかも……。

材料 (1人分)
大葉 2枚
納豆・のり各適量
明太子 1腹
酒大さじ1
うどん 1玉

作り方
1　大葉は細切りにする。納豆はよく混ぜる。
2　明太子はほぐして酒と混ぜる。
3　うどんを茹でてさっと熱湯で洗って水気をきり、2と混ぜる。器に盛って大葉、納豆、もみのりを盛り合わせる。

※納豆は添えつけのたれを混ぜると味が濃くなるため、混ぜない。

大葉と明太のうどん

大葉の香味が爽やかな、はつらつと元気が出そうな一杯です。

ねぎまうどん RECIPE P.64
ねぎ＋まぐろ。元祖"ねぎま"コンビをうどんに応用。

粕味噌バターうどん RECIPE P.64
酒粕の味がしみたうどんと野菜にバターのコクをプラス。

山菜バターうどん RECIPE P.65
ローカロリーで食物繊維たっぷりの山菜だから、食べ過ぎたって安心！

クラムチャウダーうどん RECIPE P.65
野菜をコトコト煮込んで甘みと、とろみを引き出します。

ねぎまうどん
PHOTO P.62

材料（1人分）
ねぎ½本

水菜1～2本

まぐろ50g

だし1カップ

調味料（酒½カップ／醤油大さじ1／塩小さじ½）

こしょう適量

うどん1玉

作り方
1　ねぎは3cm長さに切り、水菜はざく切りにする。まぐろはひと口大に切る。
2　鍋にだしと調味料を入れて沸騰させ、まぐろとねぎを入れてひと煮する。
3　2と同時進行でうどんを茹で、湯をきって器に盛る。2をかけて水菜をこんもりとのせる。好みで粗くつぶしたこしょうをかける。

江戸時代にはすでに使われていたというこしょう。和の料理にもよく合い、粗くたたきつぶしたものをパラリとふれば、香りは格別です。

粕味噌バターうどん
PHOTO P.62

材料（2食分）
サケ2切れ

大根50g

油揚げ½枚

じゃがいも½個

だし3カップ

昆布5～6cm

酒粕・味噌各大さじ2

ねぎ・バター・七味唐辛子各適量

うどん1玉

作り方
1　サケはひと口大に切る。大根はいちょう切りに、油揚げは細切りにする。じゃがいもはひと口大に切って水にさらす。
2　鍋にだし、1、昆布を入れて火にかける。沸騰したら火を弱め、アクをすくいながら20分ほど煮る。
3　酒粕を溶き入れて、10分ほど煮たら味噌を溶き入れて火を止める。
4　3と同時進行でうどんをかために茹で、湯をきって3に入れて1～2分煮込む。器に盛って、ねぎの小口切りとバターをのせ、七味唐辛子をふる。

※味噌の量は、サケの塩具合によって味見をしてみて調節を。

山菜バターうどん
PHOTO P.63

材料（1人分）
バター大さじ1

山菜（水煮）½カップ

調味料（白ワイン大さじ1／醤油小さじ1／塩・こしょう各少々）

のり・かつお節各適量

うどん1玉

作り方
1　うどんを茹でてさっと熱湯で洗い、湯をきる。

2　フライパンを熱してバターを溶かし、1と水気をきった山菜を炒める。調味料をふり入れ、炒め合わせて器に盛る。のりとかつお節をふる。

クラムチャウダーうどん
PHOTO P.63

材料（1人分）
野菜（じゃがいも½個／人参¼本／玉ねぎ⅛個／いんげん1本）

オリーブ油・小麦粉各大さじ1

スープ（水½カップ／固形スープの素½個）

アサリ（水煮）・コーン各¼カップ

牛乳1カップ

塩・こしょう各少々

うどん1玉

作り方
1　野菜は1cm角に切り、じゃがいもは水にさらす。

2　鍋にオリーブ油を入れて熱し、いんげん以外の野菜を炒める。小麦粉を加えて弱火で炒めてスープ、いんげん、アサリを缶汁ごと加える。

3　野菜がやわらかくなるまで煮たら、コーンと牛乳を加えて塩、こしょうで味を調える。

4　3と同時進行でうどんをかために茹で、3に入れて1～2分煮る。

おろし揚げせんべいうどん RECIPE P.68

揚げ玉の代わりといっては何ですが
揚げせんとうどんというのも、なかなかオツなものです。

五目うどん RECIPE P.68

具だくさんで栄養たっぷり。
喉ごしよろしい、夏バテ知らずの冷たい麺。

かまあげうどん RECIPE P.69

おばあさんの、そのまたおばあさんから
ウチに伝わる簡単、極旨手打ちうどん。

おろし揚げせんべいうどん
PHOTO P.66

材料（1人分）

大根・しょうが・せんべい・ごま・

麺つゆ各適量・大葉2枚

うどん1玉

作り方

1　大根としょうがをおろす。せんべいはビニール袋に入れて、すりこぎで砕く。大葉はせん切りにする。
2　うどんを茹でて、冷水で洗って水気をきり器に盛る。1も盛り合わせて、ごまをふり麺つゆをかけて食べる。

※普通の醤油せんべいよりも、
油で揚げた揚げせんべいの方が油が加わった分おいしい。

五目うどん
PHOTO P.66

材料（1人分）

貝割れ大根・じゃこ・とろろ昆布・

かつお節各適量

卵1個

麺つゆ適量

うどん1玉

作り方

1　貝割れ大根は、根元を切り落とす。
2　うどんを茹でて、冷水で洗って水気をきり器に盛る。1、じゃこ、とろろ昆布、かつお節をのせ、中央に卵を落として、麺つゆをかけて食べる。

せんべいをビニール袋に入れるのは、
破片が飛び散らないようにするため。
たたき過ぎず、小指の先大くらいがグー！

かまあげうどん

PHOTO P.67

材料（4食分）

塩大さじ1 1/3

小麦粉（中力粉）400g

打ち粉（小麦粉なら中力粉でも薄力粉でも何でもよい）適量

作り方

1 カップに水1カップと塩を入れ、よく溶かす。

2 ボウルに小麦粉と1を入れて混ぜ、なめらかになるまで10分ほどこねる。生地を鏡餅のように形を整えて、ビニール袋に入れてやすませる。夏なら約30分、冬なら2時間ほど。

3 袋から生地を取り出して軽くこね、再びビニール袋に入れて30分ほどやすませる。

4 台に打ち粉をふって生地を取り出し、麺棒で押しながら縦横、円形に伸ばす。打ち粉をふりながら、麺棒に巻きつけては転がしを繰り返し、厚さ3mmくらいになるまで伸ばす。

5 生地の表面に再び打ち粉をふり、折りたたんで3mm幅に切る。

6 沸騰したたっぷりの湯でうどんを茹で、茹で上がったら水で洗う。温かくして食べる場合は、水洗い後、熱湯をかける。

※食べきれない分は、小分けにして冷凍しよう。

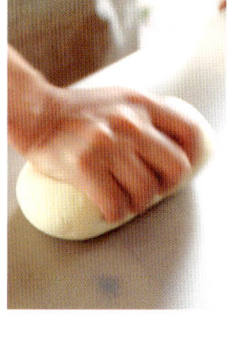

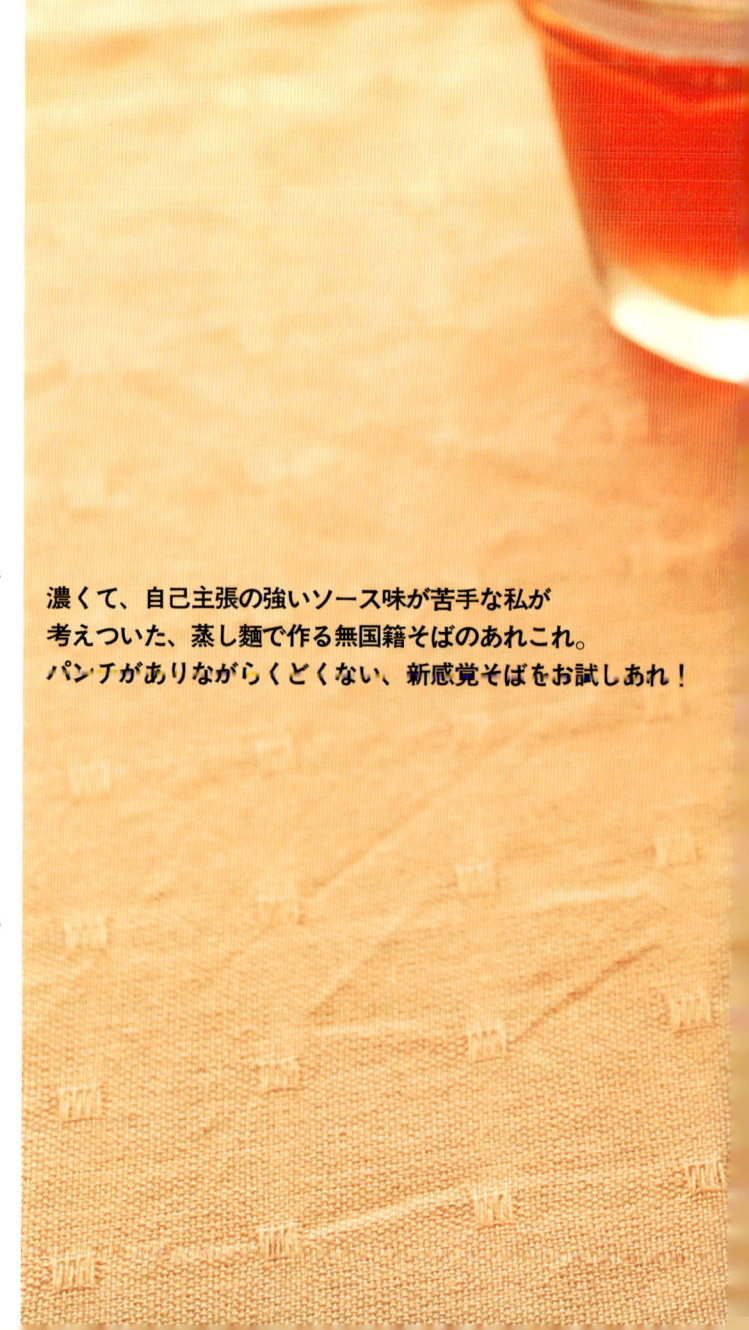

蒸し麺

濃くて、自己主張の強いソース味が苦手な私が考えついた、蒸し麺で作る無国籍そばのあれこれ。パンチがありながらくどくない、新感覚そばをお試しあれ！

材料（1人分）
牛薄切り肉80g
塩・こしょう各少々
アスパラガス2本
にんにく1片、油大さじ1
もやし適量
調味料（醤油・オイスターソース各大さじ1／砂糖小さじ1／塩・こしょう各少々）
ごま油小さじ1
スープ¼カップ
蒸し麺1玉

作り方

1　牛肉はひと口大に切り、塩とこしょうをふって下味をつける。アスパラガスは斜め細切りにする。にんにくは薄切りにする。

2　フライパンに油とにんにくを入れて弱火で熱し、香りが立ったら牛肉、アスパラガス、もやしの順番に炒める。調味料の半分を混ぜて取り出す。

3　2のフライパンにごま油を入れ、ほぐした麺を入れて強火で炒める。2の具、残りの調味料、スープを加え、炒め合わせて出来上がり。

アスパラガスと牛肉の焼きそば

オイスターソースの旨みが麺と具にしっかりついた。

エビのマヨチリ和えそば RECIPE P.73

スイートチリの甘みと辛みはエビと相性バツグン。
マヨネーズを加えて、まろやかテイストにしました。

ホタテの豆鼓(トウチ)風味そば RECIPE P.73

淡白なホタテを、豆鼓でパンチのある味わいに。

エビのマヨチリ和えそば
PHOTO P.72

材料(1人分)
エビ(中)5〜6尾
セロリ⅓本
油小さじ1
こしょう少々
調味料(マヨネーズ大さじ3／
スイートチリ大さじ2／酒・水各小さじ2)
蒸し麺1玉

作り方
1　エビは殻と背ワタを取り除く。セロリは斜め薄切りにする。
2　フライパンに油を熱して1を炒め、こしょうをふって調味料を回し入れて火を止める。
3　ザルに蒸し麺を入れ、熱湯をかけて軽く油を落とす。湯をきってボウルに入れ、2と和える。

エビの背に包丁で浅く切り込みを入れ、ヨウジで背ワタを引き抜く。これをしないと、エビが食べた砂などが口にあたり、食感や味が悪い。

豆鼓
大豆を発酵させた食品。中華では一般に調味料として使われます。日本の浜納豆に似ていて特有のコク、塩気、香りがあり、合わせる素材のおいしさを引き出します。

ホタテの豆鼓(トウチ)風味そば
PHOTO P.72

材料(1人分)
ホタテ(ボイル)・もやし各適量
赤ピーマン½個
香味野菜(ねぎ5cm／
にんにく・しょうが各1片)
豆鼓・酒・ごま油各大さじ1
調味料(酒・オイスターソース各大さじ1½
醤油・砂糖各小さじ1／こしょう少々)
水溶き片栗粉(片栗粉・水各小さじ1)
蒸し麺1玉

作り方
1　ホタテは大きい場合は半分に切り、赤ピーマンはひと口大に切る。
2　香味野菜はそれぞれみじん切りにする。豆鼓は粗みじん切りにして酒に浸けておく。
3　フライパンにごま油とにんにく、しょうがを入れて弱火で熱し、香りが立ったらねぎとホタテを炒める。
4　ピーマンともやしも入れてさっと炒め、豆鼓(浸けておいた酒も)と調味料も加えて炒め合わせる。水溶き片栗粉を入れてとろみをつける。
5　ザルに蒸し麺を入れて、熱湯で軽く油を落とす。湯をきって器に入れて、4をかける。

あんかけ焼きそば RECIPE P.76
たっぷり野菜のとろりあんが炒めただけの蒸し麺にマッチ。

ホイコーロー風焼きそば RECIPE P.76
ご飯に合うおなじみのおかずを焼きそば風にアレンジ。

アサリあんの揚げ焼きそば RECIPE P.77

旨みたっぷりのアサリのあんをパリパリの麺とからめてどうぞ！

そばめし RECIPE P.77

細かく切った蒸し麺とご飯を炒めた、その名も"そばめし"。
ソースの焦げた味わいが、やみつきものです。

あんかけ焼きそば
PHOTO P.74

材料（1人分）
- 鶏もも肉1/2枚
- 塩・こしょう各少々
- 人参少々
- 白菜1/2枚
- チンゲンサイ1/4株
- しめじ1/4房
- ごま油大さじ1
- 調味料（スープ2/3カップ／醤油小さじ2／紹興酒小さじ1／砂糖小さじ1/2／塩小さじ1/3）
- 水溶き片栗粉（片栗粉・水各大さじ1）
- 油大さじ1
- 蒸し麺1玉

作り方
1　鶏肉はひと口大に切って塩とこしょうをふり、下味をつける。
2　人参と白菜は細く切って、チンゲンサイはざく切りにする。しめじは小房に分ける。
3　鍋にごま油を熱して鶏肉を炒め、2を順番に入れて炒める。しんなりしたら調味料を入れてひと煮し、水溶き片栗粉を入れてとろみをつける。
4　3と同時進行でフライパンに油を熱し、麺を入れて表面がパリッとするまで炒める。器に盛って3をかける。

ホイコーロー風焼きそば
PHOTO P.74

材料（1人分）
- 豚ばら肉60g
- キャベツ1枚
- 人参2cm
- 玉ねぎ1/4個
- にんにく・しょうが各1片
- 油・ごま油各小さじ1
- 調味料（酒大さじ2／オイスターソース・甜面醤各大さじ1／豆板醤小さじ1/2）
- 蒸し麺1玉

作り方
1　豚肉とキャベツはひと口大に、人参は細めに、玉ねぎはくし形に切る。にんにくとしょうがは、せん切りにする。
2　フライパンに油を熱して豚肉、野菜の順に強火で炒めて、調味料の半量で調味して取り出す。
3　2のフライパンにごま油とにんにく、しょうがを入れて弱火で熱し、香りが立ったらほぐした麺を入れて1〜2分炒める。2をもどし入れ、残りの調味料も加えてさっと炒め合わせる。

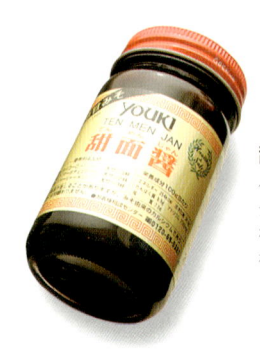

甜面醤
小麦粉に特殊なこうじを加えて発酵させた甘みのある味噌。ホイコーローにはなくてはならない調味料で、赤味噌に砂糖、醤油、ごま油を混ぜたもので代用可。

アサリあんの揚げ焼きそば
PHOTO P.75

材料（1人分）
揚げ油適量
しょうが・にんにく各1片
ねぎ（白い部分）3cm
ごま油大さじ1
豆板醤小さじ2/3
スープ1/3カップ
調味料（醤油大さじ1/2／
砂糖小さじ1／塩・こしょう各少々）
アサリひとつかみ
水溶き片栗粉（片栗粉・水各大さじ1）
酢小さじ1
蒸し麺1玉

作り方
1　蒸し麺に熱湯をかけ、湯をきっておく。熱した揚げ油に麺を入れ、途中でひっくり返しながらパリッとするまで揚げる。
2　しょうがとにんにくは、みじんに刻む。ねぎは細切りにする。
3　フライパンにごま油を熱して弱火で豆板醤を炒めて、しょうがとにんにくも加えて香りが立つまで炒める。
4　スープと調味料を入れて調味し、アサリを入れて火を通す。水溶き片栗粉でとろみをつけて酢と白髪ねぎを加え、器に盛った1にかける。

そばめし
PHOTO P.75

材料（1人分）
豚ばら肉50g
キャベツ1枚
しいたけ2枚
油大さじ1
塩・こしょう各少々
ソース（お好み焼き用）
〈もしくは焼きそば用〉ソース大さじ2／
酒小さじ2）
ご飯茶碗1杯分
かつお節・紅しょうが各適量
蒸し麺1/2玉

作り方
1　豚肉とキャベツは細かく、蒸し麺は1〜2cm長さに切る。しいたけは薄切りにする。
2　フライパンに油を熱して豚肉を炒め、キャベツとしいたけも入れてさらに炒める。軽く塩とこしょうをふって、蒸し麺と水大さじ1を加えてさらに炒める。
3　ソースとご飯を加えて炒め合わせ、器に盛ってかつお節と紅しょうがをのせる。

山芋のとろとろそうめん RECIPE P.80

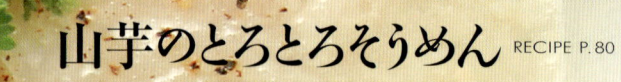

やわやわと淡雪のような舌ざわり。
山芋を温めて食べる、新発見のおいしさです。

そうめん

お腹が減って、今すぐ食事がしたい！ というときに助けられるのがそうめん。短時間で茹で上がり、残ったおかずとからめてもイケる。そんな懐の広さが大好きなのです。

サーモンとキムチの和えそうめん RECIPE P.81
キムチの旨みと辛みが調味料代わりに。

沙茶(サーチャ)そうめん RECIPE P.81
ちょっぴり辛い沙茶醤が効いた肉味噌をよ～くからめていただきます。

山芋のとろとろそうめん
PHOTO P.78

材料（1人分）
干しエビ大さじ1
山芋150g
だんご（豚ひき肉70g／
ねぎのみじん切り・粗挽き黒こしょう各少々／
ナンプラー小さじ½）
油小さじ1
調味料（ナンプラー大さじ1／
砂糖・塩各少々）
クコ・パクチー・こしょう各適量
そうめん100g

作り方
1　干しエビはぬるま湯に浸してやわらかくもどす。山芋は皮をむいてすりおろす。
2　だんごの材料をよく混ぜ、ひと口大に丸める。
3　鍋に油を熱して干しエビを炒め、水1カップを入れる。沸騰したら2を入れて火を通して山芋、調味料、クコを加えて10～15分煮る。
4　3と同時進行でそうめんをかために茹で、湯をきって器に盛る。3をかけてパクチーをのせ、こしょうをふる。

干しエビ
正しくは蝦米（シャーミ）といい中国料理でよく用いられる干しエビの一種。扱いやすく、風味もよいので常備すると便利。

クコ
目の疲れや貧血を改善する甘酸っぱいクコ。薬膳素材のひとつでお粥や炒め物に入れると彩りがよくて体にもよい。

サーモンとキムチの和えそうめん
PHOTO P.79

材料（1人分）

スモークサーモン80g

キムチ100g

キュウリ1/4本

調味料（醬油・ごま油各大さじ1／酢小さじ2／砂糖小さじ1）

糸唐辛子少々

そうめん100g

作り方

1　サーモンはひと口大に切り、キムチはざく切りにする。キュウリは縦半分に切って薄切りにする。

2　ボウルに1と調味料を入れて混ぜる。

3　そうめんを茹でて冷水で洗い、水気をきって2と混ぜる。器に盛って糸唐辛子を散らす。

糸唐辛子
辛みが少ない韓国産の赤唐辛子を乾燥させて細切りにしたもの。食べるというよりは、料理の飾りとして使います。

沙茶（サーチャ）そうめん
PHOTO P.79

材料（1人分）

香味野菜（にんにく・しょうが各1片／ねぎ3cm）

油大さじ1

豚ひき肉100g

調味料（沙茶醬大さじ2／酒大さじ1／醬油小さじ2／砂糖小さじ1／塩少々）

スープ1/4カップ

キュウリ1/4本

そうめん100g

作り方

1　香味野菜はそれぞれみじん切りにする。

2　フライパンににんにく、しょうが、油を入れて弱火で熱し、香りが立ったらねぎとひき肉を入れて炒める。調味料で味をつけ、スープを加えてひと煮する。

3　2と同時進行でそうめんを茹で、湯でさっと洗って湯をきって器に盛る。2をかけて、キュウリのせん切りを添える。

※キュウリの代わりに、チンゲンサイやきぬさやでもよい。また、スープを多くして汁麺にしても美味。

沙茶醬
沙茶醬はピーナッツをベースに、エビの塩辛やにんにくで作った香ばしくコクのあるペースト。ない場合は、すったピーナッツにアミの塩辛やおろしにんにくを混ぜても。

ビーフン

小麦粉の麺にはない、淡白なもち味が特徴のお米から作った麺。
焦げつきやすいので、炒めるときは鍋やフライパンを
じゅうぶん油でならしてから始めましょう。

つくねのフォー RECIPE P.84

今や、おなじみのベトナム麺。
お酒のシメや軽食にもぴったりです。

ビーフンのカレー炒め RECIPE P.85
スパイシーなカレー粉が、味のポイントに。

トムヤムヌードル RECIPE P.85
辛くて酸っぱいタイのスープ、トムヤムクンで食べるアジアン麺。

つくねのフォー

PHOTO P.82

材料（1人分）

つくね（豚ひき肉70g／

ねぎのみじん切り・塩・粗挽き黒こしょう各少々）

パクチー・あさつき各適量

調味料（ナンプラー小さじ2／

顆粒中華スープの素・にんにく油各小さじ1／

塩小さじ½／こしょう少々）

フライドオニオン適量

ビーフン100g

作り方

1　つくねの材料をよく混ぜ、親指大に丸める。

2　パクチーはざく切りに、あさつきは小口切りにする。

3　鍋に水1½カップを沸騰させて1を入れて火を通す。アクをすくって調味料を入れ、スープを作る。

4　ビーフンを茹で、水気をきって器に盛る。3をかけて、2やフライドオニオンを好きなだけのせて食べる。

細かく切ったにんにくと、にんにくにかぶるくらいの油を焦げつかないように弱火で熱して作るにんにく油。スープや麺にたらすと、プーンと香りがよい。一度には食べきれないので、保存ビンに入れて食卓に常備。

ビーフンのカレー炒め
PHOTO P.83

材料（1人分）
干しエビ大さじ1
鶏むね肉50g
玉ねぎ1/8個
しいたけ1枚
あさつき2～3本
油小さじ2
カレー粉大さじ1
調味料（醤油・酒・顆粒中華スープの素 各小さじ1／塩小さじ1/3／こしょう少々／干しエビをもどした水大さじ3）
ビーフン100g

作り方
1　ビーフンはさっと茹でて、水気をきっておく。干しエビは水大さじ3に10分ほど浸して少しやわらかくする。もどした水はとっておく。
2　鶏肉は細切りに、玉ねぎとしいたけは薄切りにする。あさつきは3～4cm長さに切る。
3　フライパンに油小さじ1を熱してビーフンとあさつき以外の1、2を入れて炒めて取り出す。
4　2のフライパンに残りの油を足してカレー粉を炒め、香りが立ったらビーフンと3、あさつきを加える。調味料を入れてふたをして、1分弱蒸し焼きにする。

カー＆バイマクルー
東南アジアで多用されるハーブ類。しょうがに似た香りのカー（上）と、柑橘系のさわやかな香りのバイマクルー（下）。
それぞれスープやカレーの香りづけなどとして使われ、冷凍庫で保存できます。
写真のカーは乾燥品です。
バイマクルーは細かく刻んでサラダに入れたりします。

トムヤムヌードル
PHOTO P.83

材料（1人分）
エビ（中）3～4尾
しめじ1/4株
しょうが2～3枚
たけのこ50g
トムヤムペースト適量
カー・バイマックルー・ナンプラー・パクチー各適量
ビーフン100g

作り方
1　エビは殻と背ワタを取り除く。しめじは小房に分け、しょうがとたけのこは薄く切る。
2　鍋に水1 1/2カップを沸騰させ、1とカーを入れる。材料に火が通ったらトムヤムペーストとバイマックルーを加え、ナンプラーで味を調える。
3　ビーフンをかために茹で、湯をきる。器に盛って2をかけ、ざく切りにしたパクチーをのせる。

※ここではトムヤムペーストを使うので、カーとバイマックルーはなくてもよいが、あれば香りが数段アップ。

INDEX

野菜・豆

アスパラガス・いんげん
- あっさりちゃんぽん 18
- アスパラガスと牛肉の焼きそば 70

きゅうり
- ひじきの黒酢そば 33
- 沙茶そうめん 79

きのこ・山菜
- 3色つけ麺 19
- 柚子風味の汁そば 23
- ズッキーニとしいたけの和えそば 33
- 山菜バターうどん 63
- ビーフンのカレー炒め 83
- トムヤムヌードル 83

キャベツ
- ホイコーロー風焼きそば 74
- そばめし 75

じゃがいも
- ジェノベーゼ 44
- クラムチャウダーうどん 63

ズッキーニ
- ズッキーニとしいたけの和えそば 33
- 3色野菜のカレークリームソース 42

セロリ・ミツバ
- エビのマヨチリ和えそば 72
- ゆるたまそば 37

大根
- ざるそば 28
- 粕味噌バターうどん 62
- おろし揚げせんべいうどん 66

玉ねぎ
- サーモンのぽん酢オリーブ油和え 36
- かき揚げそば 37
- トマトソースパスタ 45
- 冷たいパスタ 48
- タイ風カッペリーニ 56

チンゲンサイ・ほうれん草・水菜・春菊
- バンバンジー麺 10
- 醤油ラーメン 14
- ピーナッツソースの和え麺 22
- 春菊のペペロンチーノ 36
- サラダパスタ 48
- あんかけ焼きそば 74

トマト
- トマトとピータンの和え麺 22
- トマトソースパスタ 45
- 冷たいパスタ 48
- アボカドの冷たいパスタ 52

なす
- なすとみょうがの汁そば 32
- 3色野菜のカレークリームソース 42

人参
- 柚子風味の汁そば 23
- ベジミートソース 49
- クラムチャウダーうどん 63
- あんかけ焼きそば 74
- ホイコーロー風焼きそば 74

ねぎ
- 冷たいねぎチャーシュー麺 15
- 香味そば 26
- じゃことねぎのパスタ 53
- ねぎまうどん 62
- アサリあんの揚げ焼きそば 75

ピーマン・パプリカ
- ココナッツカレー麺 11
- パプリカのクリームペンネ 57
- ホタテの豆鼓風味そば 72

もやし
- 野菜どっさりスパイシー麺 8
- たんたん麺 10
- 味噌ラーメン 18

モロヘイヤ・貝割れ大根
- モロヘイヤとシラスの汁そば 32
- 五目うどん 66

山芋
- 山芋そば 29
- キムチとろろそば 29
- 山芋のとろとろそうめん 78

海草・香味野菜
- ひじきの黒酢そば　33
- ジェノベーゼ　44
- 岩のりと松の実のパスタ　56
- クレソンとブルーチーズのペンネ　57
- 大葉と明太のうどん　60
- おろし揚げせんべいうどん　66
- 五目うどん　66
- つくねのフォー　82

キムチ
- キムチとろろそば　29
- キムチ de クリーム　52
- サーモンとキムチの和えそうめん　79

豆
- うずら豆のクリームパスタ　44
- そら豆と豆乳のパスタ　53

肉

牛肉
- 野菜どっさりスパイシー麺　8
- アスパラガスと牛肉の焼きそば　70

鶏肉
- バンバンジー麺　10
- 炒り豆腐麺　11
- ココナッツカレー麺　11
- あんかけ焼きそば　74
- ビーフンのカレー炒め　83

豚肉
- たんたん麺　10
- 醤油ラーメン　14
- 冷たいねぎチャーシュー麺　15
- ハンバーグ・ナポリタン　49
- ホイコーロー風焼きそば　74
- そばめし　75
- 山芋のとろとろそうめん　78
- 沙茶そうめん　79
- つくねのフォー　82

魚介

魚
- あっさりちゃんぽん　18
- 柚子風味の汁そば　23
- モロヘイヤとシラスの汁そば　32
- サーモンのぽん酢オリーブ油和え　36
- サラダパスタ　48
- キムチ de クリーム　52
- じゃことねぎのパスタ　53
- タイ風カッペリーニ　56
- パプリカのクリームペンネ　57
- 大葉と明太のうどん　60
- ねぎまうどん　62
- 粕味噌バターうどん　62
- エビのマヨチリ和えそば　72
- サーモンとキムチの和えそうめん　79
- トムヤムヌードル　83

貝
- アサリ麺　23
- 岩のりと松の実のパスタ　56
- クラムチャウダーうどん　63
- ホタテの豆鼓風味そば　72
- アサリあんの揚げ焼きそば　75

卵・豆腐

卵
- 3色つけ麺　19
- トマトとピータンの和え麺　22
- キムチとろろそば　29
- ゆるたまそば　37
- ハンバーグ・ナポリタン　49

豆腐
- 炒り豆腐麺　11

アートディレクション　白石良一
デザイン　井崎亜美（白石デザイン・オフィス）
料理・スタイリング　渡辺ゆき
写真　小林キユウ

野菜と食べるおいしい麺

発　行　2004年11月25日　初版第1刷発行

著　者　渡辺ゆき
発行者　孫家邦
発行所　株式会社 リトル・モア
　　　　〒151-0051　東京都渋谷区千駄ヶ谷3-56-6
　　　　電話　03-3401-1042
　　　　FAX　03-3401-1052
　　　　e-mail　info@littlemore.co.jp
　　　　URL　http://www.littlemore.co.jp
印刷所・製本所　図書印刷株式会社

©Yuki Watanabe 2004
Photographs ©Kiyu Kobayashi 2004
Printed in Japan
ISBN4-89815-139-6 C5077

定価はカバーに表示してあります。
乱丁・落丁本は送料小社負担にてお取替えいたします。